AF469722

ATELIER

VEYRASSAT

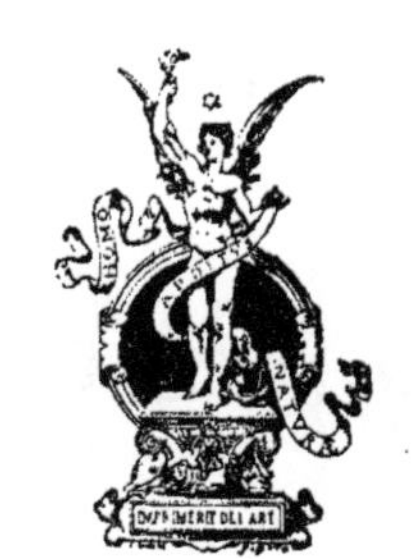

CATALOGUE

DES

TABLEAUX

ÉTUDES, ESQUISSES

AQUARELLES ET DESSINS

PAR

J. J. VEYRASSAT

DONT LA VENTE AURA LIEU

Par suite de son décès

HOTEL DROUOT, SALLES Nos 5 & 6

Les Lundi 11, Mardi 12 et Mercredi 13 Décembre 1893

A DEUX HEURES ET DEMIE

COMMISSAIRE-PRISEUR	EXPERT
Me LÉON TUAL	M. BERNHEIM Jeune
56, rue de la Victoire, 56	8, rue Laffitte, 8

EXPOSITIONS

PARTICULIÈRE	PUBLIQUE
Le Samedi 9 Décembre 1893	*Le Dimanche 10 Décembre 1893*

DE UNE HEURE ET DEMIE A CINQ HEURES ET DEMIE

Ce Catalogue se distribue à

Paris. . . . Chez Me Léon Tual, commissaire-priseur, *56, rue de la Victoire.*

— Chez M. Bernheim jeune, expert, *8, rue Laffitte.*

Marseille. . Chez M. Martin, *14, rue Monteaux.*

Rotterdam. Au Kunstclub.

Glasgow. . . Chez M. Alex. Reid, *227, West George Street.*

Berlin. . . Chez M. Fritz Gurlitt, *153, Leipsiger Strasse.*

CONDITIONS DE LA VENTE

Elle sera faite au comptant.

Les acquéreurs paieront *cinq pour cent* en plus du prix d'adjudication.

NOTA

Afin d'éviter toutes erreurs ou discussions dans l'avenir, l'expert chargé de la direction de la vente prévient le public que tous les tableaux, études ou esquisses compris dans le présent Catalogue ont été photographiés et réunis en deux albums qui pourront être consultés chez Mme veuve Veyrassat et chez l'expert, M. Bernheim jeune, 8, rue Laffitte.

Paris. — Imp. de l'Art, E. Moreau et Cie, 41, rue de la Victoire.

JULES VEYRASSAT

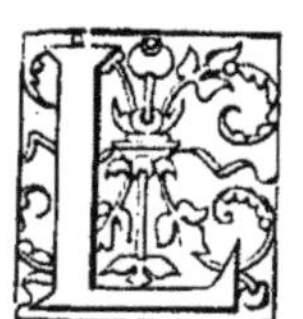

LA fin du XIXe siècle offre en art un phénomène assez singulier : jamais il ne s'est vu tant d'artistes, jamais il ne s'en est vu si peu de populaires. Dans l'incessant conflit des doctrines, dans la bruyante mêlée des écoles, des noms nouveaux surgissent à chaque jour, il en rentre à chaque jour dans l'oubli. Les réputations se font vite ; elles se défont de même, et les seules, à l'heure actuelle, qui subsistent, les seules qui soient solidement établies, sont celles qui se sont lentement édifiées, par la continuité dans l'effort, par une étude respectueuse et incessamment renouvelée de la nature.

Veyrassat, qui mourut cet été, fut du nombre de ces privilégiés. Sa carrière n'a rien eu de tapageur ; il n'a connu ni les brusques ivresses des succès imprévus, ni l'effondrement brutal qui, tant de fois, se produit au lendemain de ces succès. Du jour où son premier tableau fut remarqué jusqu'à l'heure où sa main défaillit, les mêmes sympathies l'ont suivi ; ses œuvres n'ont point passé de mode et la même popularité s'y attache. Dans les Musées, à la devanture des marchands, dans les Expositions, sa marque est immédiatement reconnue ; on s'arrête, on embrasse d'un coup d'œil attentif toute la scène, on s'attarde ensuite au détail, et quand le regard s'est tour à tour arrêté sur le char doré des moissons ou sur les robustes percherons qui l'ébranlent, sur les canaux bordés d'un rideau de peupliers ou sur les chalands à coque ronde que de vieilles rosses, incrustant dans les ornières du chemin leurs sabots, hâlent péniblement sur l'eau calme, on pousse du coude son voisin et, sans chercher la signature, on déclare : — Ça, c'est un Veyrassat.

L'hommage est unanime : il est parfaitement mérité. Dans la masse compacte des artistes qui ont cherché dans la vie rustique leurs sujets, Veyrassat s'est fait une place bien à lui, non point parmi les maîtres, il est vrai, mais au premier rang des petits maîtres. Il n'a ni la grandeur épique d'un Millet, ni le parti pris poétique d'un Jules Breton.

C'est un conteur sans emphases, qui traduit, dans une langue accessible à tous et très claire, les menus incidents dont la tâche quotidienne s'égaye, les tableaux anecdotiques qu'elle fournit. Le champ serait limité si l'artiste n'avait pris soin de l'étendre en courant du Nord au Midi, de l'Est à l'Ouest, nos campagnes, et en fixant, dans chacun de ses voyages, les moindres particularités du costume, les différences caractéristiques d'allures, les traits de mœurs, qui constituent, dans chacune de nos anciennes provinces, la vie propre et la physionomie spéciale du pays.

Veyrassat n'est pas, en effet, uniquement le peintre des moissons, et le cheval de trait, avec la housse bleue qui le recouvre, avec le collier bleu enguirlandé de pompons rouges où son cou robuste s'emboîte, n'est pas l'unique personnage qu'il se soit complu à pourtraire. Sans doute, le succès de ces scènes a maintes fois obligé l'artiste à reproduire, en y introduisant chaque fois des variantes, les motifs goûtés du public. Mais son œuvre, en fin de compte, est autrement variée qu'on ne le croit. Dans les centaines d'esquisses qu'il nous laisse et qui sont les notes quotidiennes griffonnées pendant les pérégrinations estivales, vous trouverez de tout un peu : ânes en liberté, moutons au pâturage, coins de ferme et coins d'étable, poulaillers et clapiers. Ici, la fermière donne le grain aux volailles dont sa basse-cour est peuplée; là, mesdames les oies, d'un air grave, dans un dandinement majestueux, trottinent en bon ordre et s'en vont, cahin-caha, prendre l'air. Le pastour ramène ses ouailles au bercail; le maréchal, sur le pas de sa porte, prend mesure, avec un fer fumant, d'une chaussure nouvelle pour le pied d'un bœuf ou d'un âne. Au bout du pays, près du pont, dans l'eau babillarde et fraîche du ruisseau, sur les galets que polit sans fin la rivière, les femmes du pays lavent leur linge; un peu plus loin, protégées de toute indiscrétion par les saules, d'accortes fillettes prennent leur bain.

Ce n'est que de l'anecdote, mais l'anecdote vivement contée a son prix, et Veyrassat la détaille avec art. A composer ces petites scènes, il excelle : les personnages en sont peu nombreux, mais « nature » ; leur geste n'a rien d'artificiel, et la gaucherie qu'on y remarque est une preuve de plus de la conscience avec laquelle il a été observé, sans arrangement factice et sans recherche voulue de poésie.

Veyrassat n'a d'ailleurs pas exploré que les

champs : il s'est fait l'historiographe aussi des champs de foire. C'est le maquignon faisant son entrée au foirail, suivi de la longue file de ses bêtes l'une derrière l'autre attachées, un bouchon de paille à la queue; c'est la rangée, vue de face, des mêmes bêtes passées en revue par l'acheteur; c'est la madrée clientèle discutant pied à pied avec le maquignon le prix d'une rosse hors d'usage qu'un domestique fait trotter, en lui cinglant l'échine de coups de fouet, sur le pavé de la rue. Toutes ces scènes sont curieuses, elles sont par moments empoignantes. Avec une énergie de facture saisissante, Veyrassat y a écrit le lamentable poème du vieux cheval. Mieux que personne, il en a dit la structure efflanquée, les jambes flageolantes ou raides, bossuées de monstrueux éparvins, la tête morne, la langue racornie et pendante, l'œil vitreux sur lequel les paupières s'affaissent et sous lequel d'énormes salières accusent, avec l'âge, des épreuves sans nombre.

Comme contraste à ces mélancoliques tableaux, l'artiste, un beau jour, fut chercher de l'autre côté de la mer, « en Alger », d'autres types de chevaux. C'était vers 1880. Dans une série de toiles nouvelles, série qui, malheureusement, fut trop courte, il peignit en de légers paysages, d'une rare délicatesse, les cimes bleuâtres de l'Atlas et les plaines lumineuses du Tell. Dans ce cadre, à la fois imposant et gracieux, il fit évoluer, sur leurs fins coursiers de race pure, les Arabes au burnous flottant. Les cavaliers décrivirent des courbes fantastiques, dans les fantasias la poudre parla, et l'on fut tout surpris de constater qu'à ce changement de décors et de sujets, Veyrassat n'avait rien perdu de son adresse et de sa virtuosité. On peut citer parmi les meilleurs qu'il ait faits certains de ses tableaux algériens.

Telle est, dans ses grandes lignes, l'œuvre peinte exécutée pendant les quarante-cinq années de sa carrière par l'artiste. Mais n'oublions pas que, s'il fut peintre, il fut graveur en même temps, et graveur non des moindres. Les planches qu'il a fait mordre à l'eau-forte sont nombreuses, et d'aucunes sont classées comme des œuvres maîtresses. On fait grand cas de ses reproductions de Decamps, de Daubigny, de Troyon, de Rosa Bonheur, de Chaplin; il a transposé en aquafortiste émérite, outre ses tableaux à lui-même, des dessins composés par Bida pour les grands *Évangiles* de Hachette, et le jury des Salons a récompensé par deux fois, en 1865 et en 1869, les différents morceaux de cette série ; on estime enfin comme une œuvre vraiment exceptionnelle, tant l'émotion y est profonde, tant les effets de lumière chers au maître y sont finement rendus, la *Famille du menuisier,* d'après Rembrandt.

Esquissons maintenant en peu de mots la biographie de Veyrassat. Les grands événements n'y abondent pas. Elle débuta, comme beaucoup de vies artistiques, par une vocation contrariée. Né en 1828, à Paris, d'une famille d'origine genévoise, l'enfant, malgré son goût tout spécial pour l'art pur, ne put jusqu'à vingt ans le satisfaire qu'à ses heures trop rares de loisir. Toutes ses journées se passaient dans l'atelier de bijouterie de son père : elles lui semblaient longues. Il rompit enfin son licol, fit de la sculpture d'abord, puis de la peinture dans un atelier de l'École des Beaux-Arts, exposa le plus tôt qu'il le put, obtint en 1866 une première médaille ; en 1872, une seconde ; en 1889, à l'Exposition universelle, une troisième. La Légion d'honneur, entre temps, lui était venue : il aimait à conter comment. C'était l'été de 1878, à Royat. Comme il travaillait à une étude de plein air, un touriste, curieusement, s'approcha et, après avoir longuement observé la leste manœuvre du pinceau, dit au peintre avec un mouvement de surprise assez vif :

— Ah ça, mais vous n'êtes pas décoré, Monsieur Veyrassat ?

— Ma foi non !

— Je tiens à réparer cet oubli. Sitôt de retour à Paris, adressez-moi votre demande. Je suis le ministre de l'Instruction publique et des Cultes, et je m'en charge.

M. Bardoux, en effet, tint parole.

Quand Veyrassat, après avoir tergiversé plus de deux mois, se fut décidé à envoyer sa lettre au ministre, la nomination suivit, immédiate. L'artiste en fut heureux, à coup sûr, mais la croix le flatta moins en elle-même que la façon dont il l'avait obtenue. Si Veyrassat eut un orgueil dans sa vie, ce ne fut jamais que celui-là. Et quel orgueil pardonnable !

En juillet dernier il est mort, après six mois d'agonie, mais d'une agonie dont les affres ont été adoucies par les soins de la noble femme qu'il avait associée à sa vie, et dans laquelle il avait eu la chance de trouver l'idéale compagne que tout homme, en sa jeunesse, a rêvée, qu'il est donné à si peu de rencontrer.

THIÉBAULT-SISSON.

TABLEAUX

ET

ÉTUDES

TABLEAUX ET ÉTUDES

1 — *L'Avoine.*

Salon de 1891.

Toile. Haut., 1 mètre; larg., 1 m. 40 cent.

2 — *Relais de chevaux de halage.*

Toile. Haut., 73 cent.; larg., 1 mètre.

3 — *Les Oies.*

Toile. Haut., 75 cent.; larg., 1 mètre.

4 — *La Moisson.*

Toile. Haut., 1 mètre; larg., 1 m. 40 cent.

5 — *Le Marché aux chevaux.*

Toile. Haut., 49 cent.; larg., 69 cent.

6 — *Cour de ferme.*

Toile. Haut., 80 cent.; larg., 60 cent.

7 — *Dans la forêt de Fontainebleau.*

Toile. Haut., 52 cent.; larg., 73 cent.

8 — *Maquignons en Normandie.*

Toile. Haut., 60 cent.; larg., 53 cent.

9 — *Une Forge en Normandie.*

Toile. Haut., 38 cent.; larg., 51 cent.

10 — *Dans les blés.*

Toile. Haut., 50 cent.; larg., 60 cent.

11 — *Laveuses.*

Toile. Haut., 65 cent.; larg., 1 mètre.

12 — *Berger et son troupeau.*

Toile. Haut., 70 cent.; larg., 1 mètre.

13 — *La Laitière.*

Toile. Haut., 58 cent.; larg., 45 cent.

14 — *Un Quai, à Venise.*

Bois. Haut., 27 cent.; larg., 35 cent.

15 — *Un Relais.*

Toile. Haut., 25 cent.; larg., 35 cent.

16 — *Une Carrière.*

Toile. Haut., 28 cent.; larg., 39 cent.

17 — *La Cour Aline, à Hericy.*

Bois. Haut., 35 cent.; larg., 27 cent.

18 — *A marée basse.*

Bois. Haut., 20 cent.; larg., 33 cent.

19 — *Une Place en Auvergne.*

Bois. Haut., 27 cent.; larg., 35 cent.

20 — *La Batteuse.*

Bois. Haut., 24 cent.; larg., 35 cent.

21 — *A Grand-Camp.*

Bois. Haut., 19 cent.; larg., 32 cent.

22 — *Glaneuses, à Écouen.*

Bois. Haut., 34 cent.; larg., 57 cent.

23 — *Pâturage en Normandie.*

Bois. Haut., 27 cent.; larg., 41 cent.

24 — *Le Passage du bac.*

Bois. Haut., 27 cent.; larg., 35 cent.

25 — *Bords de l'Oise.*

Bois. Haut., 25 cent.; larg., 35 cent.

26 — *Les Grands Plateaux, au Hamma.*

Bois. Haut., 30 cent.; larg., 41 cent.

27 — *La Baignade des chevaux.*

Bois. Haut , 27 cent.; larg., 35 cent.

28 — *Chargement d'un chaland.*

Bois. Haut., 25 cent.; larg., 41 cent.

29 — *Une Route à travers champs.*

Bois. Haut., 26 cent.; larg., 35 cent.

30 — *Sous bois.*

Bois. Haut., 24 cent.; larg., 35 cent.

31 — *Bateaux-lavoirs.*

Bois. Haut., 27 cent.; larg., 35 cent.

32 — *Petit Port en Normandie.*

Bois. Haut., 27 cent.; larg., 35 cent.

33 — *Une Ferme en Normandie.*

Bois. Haut., 27 cent.; larg., 35 cent.

34 — *En Auvergne.*

Bois. Haut., 35 cent.; larg., 27 cent.

35 — *A Samois.*

Bois. Haut., 21 cent.; larg., 32 cent.

36 — *Maisons au bord de l'eau.*

Bois. Haut., 27 cent.; larg., 35 cent.

37 — *La Moisson.*

Bois. Haut., 27 cent.; larg., 35 cent.

38 — *La Seine, à Samois.*

Bois. Haut., 27 cent.; larg., 35 cent.

39 — *Une Cour de ferme.*

Bois. Haut., 27 cent.; larg., 35 cent.

40 — *Une Route en Normandie.*

Toile. Haut., 29 cent.; larg.; 40 cent.

41 — *Le Maréchal ferrant.*

Bois. Haut., 32 cent.; larg., 41 cent.

42 — *Le Ferrage des chevaux.*

Bois. Haut., 32 cent.; larg., 48 cent.

43 — *Une Conversation.*

Bois. Haut., 32 cent.; larg., 41 cent.

44 — *En Normandie.*

Bois. Haut., 32 cent.; larg., 58 cent.

45 — *La Ferme de Lavue.*

Toile. Haut., 35 cent.; larg., 30 cent.

46 — *La Causette.*

Toile. Haut., 46 cent.; larg., 38 cent.

47 — *Le Retour des champs.*

Toile. Haut., 49 cent.; larg., 40 cent.

48 — *La Rentrée à la ferme.*

Toile. Haut., 41 cent.; larg., 51 cent.

49 — *La Jeune Mère.*

Bois. Haut., 7 cent.; larg., 12 cent.

50 — *La Baignade.*

Bois. Haut., 9 cent.; larg., 15 cent.

51 — *Bœufs, à Saint-Jean-de-Luz.*

Bois. Haut., 10 cent.; larg., 16 cent.

52 — *Basse-Cour.*

Bois. Haut., 17 cent.; larg., 21 cent.

53 — *Une Cascarote.*

Bois. Haut., 13 cent.; larg., 8 cent.

54 — *La Vachère.*

Bois. Haut., 19 cent.; larg., 25 cent.

55 — *Ferme, à Vulane.*

Bois. Haut., 15 cent.; larg., 31 cent.

56 — *A l'abreuvoir.*

Bois. Haut., 16 cent.; larg., 24 cent.

57 — *Crépuscule.*

Bois. Haut., 11 cent.; larg., 22 cent.

58 — *A Harfleur.*

Bois. Haut., 16 cent.; larg., 24 cent.

59 — *Le Plateau de Bellecroix.*

Bois. Haut., 15 cent., larg., 22 cent.

60 — *Un Accident.*

Bois. Haut., 15 cent., larg., 24 cent.

61 — *Laveuses, à Hericy.*

Bois. Haut., 16 cent.; larg., 24 cent

62 — *Ben Taloh.*

Bois. Haut., 16 cent.; larg., 24 cent.

63 — *Une Maison, à Grand-Camp.*

Bois. Haut., 16 cent.; larg., 24 cent.

64 — *Chasseur et son chien.*

Bois. Haut., 15 cent.; larg., 30 cent.

65 — *Le Marché aux chevaux.*

Toile. Haut., 61 cent.; larg., 80 cent.

66 — *Chevaux de labour.*

Toile. Haut., 42 cent.; larg., 72 cent.

67 — *Au bord de la Seine.*

Toile. Haut., 50 cent.; larg., 95 cent.

68 — *Tête de cheval.*

Toile. Haut., 74 cent.; larg., 65 cent.

69 — *Les Anes.*

Toile. Haut., 47 cent.; larg., 74 cent.

70 — *Saint-Jean-de-Luz.*

Bois. Haut., 24 cent.; larg., 35 cent.

71 — *Les Préparatifs du repas.*

Bois. Haut., 25 cent.; larg., 40 cent.

72 — *Le Canal, à Venise.*

Bois. Haut., 27 cent.; larg., 35 cent.

73 — *Palestro.*

Bois. Haut., 16 cent.; larg., 24 cent.

74 — *Saint-Eugène (Alger).*

Bois. Haut., 15 cent.; larg., 24 cent.

75 — *Alger.*

Bois. Haut., 23 cent.; larg., 40 cent.

76 — *La Plage, à Grand-Camp.*

Bois. Haut., 13 cent.; larg., 28 cent.

77 — *Bouffarick.*

Bois. Haut., 16 cent.; larg., 25 cent.

78 — *Un Jardin, à Alger.*

Bois. Haut., 26 cent.; larg., 35 cent.

79 — *Fontaine au Hamma.*

Bois. Haut., 32 cent.; larg., 40 cent.

80 — *Une Caravane.*

Bois. Haut., 28 cent.; larg., 40 cent.

81 — *La Kasbah, à Alger.*

Bois. Haut., 35 cent.; larg., 27 cent.

81 *bis* — *Bouzareth.*

Bois. Haut., 16 cent.; larg., 24 cent.

82 — *Écrevisses.*

Bois. Haut., 16 cent.; larg., 21 cent

83 — *La Petite Plage, à Grand-Camp.*

Bois. Haut., 16 cent.; larg., 39 cent.

84 — *Escortes Ben-Chicao.*

Bois. Haut., 25 cent.; larg., 40 cent.

85 — *Une Fontaine, à Alger.*

Bois. Haut., 24 cent.; larg., 40 cent.

86 — *La Moisson.*

Toile. Haut., 37 cent.; larg., 57 cent.

87 — *La Dernière Meule.*

Bois. Haut., 25 cent.; larg., 34 cent.

88 — *Le Repos des moissonneurs.*

Bois. Haut., 26 cent.; larg., 34 cent.

89 — *Les Meules.*

Bois. Haut., 26 cent.; larg., 34 cent.

90 — *Les Blés d'or.*

Bois. Haut., 36 cent.; larg., 46 cent.

91 — *Les Cascarotes, à Saint-Jean-de-Luz.*

Toile. Haut., 80 cent.; larg., 1 m. 10 cent.

92 — *Glaneuses.*

Toile. Haut., 40 cent.; larg., 60 cent.

93 — *Le Dernier-Né.*

Bois. Haut., 27 cent.; larg., 35 cent.

94 — *Chevaux de labour.*

Bois. Haut., 21 cent.; larg., 25 cent.

95 — *Chasseur.*

Bois. Haut., 21 cent.; larg., 25 cent.

96 — *Le Repos de chevaux de halage.*

Bois. Haut., 21 cent.; larg., 25 cent.

97 — *Le Peintre.*

Bois. Haut., 25 cent.; larg., 35 cent.

98 — *La Moisson.*

Bois. Haut., 16 cent.; larg., 23 cent.

99 — *La Rentrée du blé.*

Bois. Haut., 9 cent.; larg., 15 cent.

100 — *Halte dans la forêt.*

Bois. Haut., 16 cent.; larg., 14 cent.

101 — *Marché aux chevaux, à Bouffarick.*

Bois. Haut., 16 cent.; larg., 27 cent.

102 — *L'Avoine.*

Bois. Haut., 16 cent.; larg., 40 cent.

103 — *Les Glaneuses.*

Bois. Haut., 31 cent.; larg., 54 cent.

104 — *Une Ferme en Normandie.*

Bois. Haut., 27 cent.; larg., 35 cent.

105 — *A l'aube.*

Bois. Haut., 10 cent.; larg., 16 cent.

106 — *Environs d'Alger.*

Bois. Haut., 16 cent.; larg., 25 cent.

107 — *A la rivière.*

Bois. Haut., 16 cent.; larg., 23 cent.

108 — *Juments et poulain.*

Bois. Haut., 15 cent.; larg., 25 cent.

109 — *Rentrée des pêcheurs.*

Bois. Haut., 15 cent.; larg., 22 cent.

110 — *La Seine, à Samois.*

Bois. Haut., 26 cent.; larg., 35 cent.

111 — *Le Chasseur.*

Bois. Haut., 27 cent.; larg., 35 cent.

112 — *Un Chien.*

Bois. Haut., 27 cent.; larg., 35 cent.

113 — *Les Roches.*

Bois. Haut., 28 cent.; larg., 31 cent.

114 — *Le Puits.*

Bois. Haut., 35 cent.; larg., 25 cent.

115 — *Cour de ferme.*

Bois. Haut., 35 cent.; larg., 27 cent.

116 — *Village et bords de rivière.*

Bois. Haut., 25 cent ; larg., 41 cent.

117 — *La Provende des poules.*

Bois. Haut., 24 cent.; larg., 35 cent.

118 — *Le Grand Canal, à Venise.*

Bois. Haut., 26 cent.; larg., 32 cent.

119 — *La Fenaison.*

Bois. Haut., 25 cent.; larg., 35 cent.

120 — *Chameaux au repos.*

Bois. Haut., 14 cent.; larg., 26 cent

121 — *Coin de village.*

Bois. Haut., 27 cent.; larg., 35 cent.

122 — *Chez le vétérinaire.*

Bois. Haut., 32 cent.; larg., 27 cent.

123 — *Prairies au bord de la mer.*

Bois. Haut., 28 cent.; larg., 57 cent.

124 — *Jument alezane.*

Bois. Haut., 27 cent.; larg., 35 cent.

125 — *A travers champs.*

Toile. Haut., 35 cent.; larg., 45 cent.

126 — *Une Chapelle.*

Bois. Haut., 24 cent.; larg., 32 cent.

127 — *Abreuvoir à Beron-Aghin.*

Bois. Haut., 32 cent.; larg., 40 cent.

128 — *Soleil couchant.*

Bois. Haut., 21 cent.; larg., 40 cent.

129 — *La Vanne.*

Bois. Haut., 25 cent.; larg., 34 cent.

130 — *Fin avril.*

Bois. Haut., 17 cent.; larg., 32 cent.

131 — *Un Coin de Samois.*

Bois. Haut., 14 cent.; larg., 21 cent.

132 — *Bords de l'eau.*

Bois. Haut., 27 cent.; larg., 34 cent

133 — *La Visite des chevaux.*

Bois. Haut., 26 cent.; larg., 34 cent.

134 — *Les Batteurs de colza.*

Bois. Haut., 24 cent.; larg., 45 cent.

135 — *Un Ane.*

Bois. Haut., 24 cent.; larg., 35 cent.

136 — *Léda.*

Bois. Haut., 17 cent.; larg., 11 cent.

137 — *Halte dans le désert.*

Bois. Haut., 16 cent.; larg., 24 cent.

138 — *Le Retour de la pêche.*

Bois. Haut., 32 cent.; larg., 22 cent.

139 — *Le Peintre.*

Bois. Haut., 27 cent.; larg., 39 cent.

140 — *Le Repas dans la forêt.*

Bois. Haut., 25 cent.; larg., 34 cent.

141 — *La Plage, à Saint-Jean-de-Luz.*

Bois. Haut., 15 cent.; larg., 31 cent.

142 — *La Charrue.*

Toile. Haut., 13 cent.; larg., 26 cent.

143 — *Le Voyageur.*

Bois. Haut., 15 cent.; larg., 26 cent.

144 — *Le Repos de la caravane.*

Bois. Haut., 16 cent.; larg., 24 cent.

145 — *Écrevisses.*

Bois. Haut., 10 cent.; larg., 20 cent.

146 — *Le Bain.*

Bois. Haut., 10 cent.; larg., 13 cent.

147 — *Léda couchée.*

Bois. Haut., 8 cent.; larg., 12 cent.

148 — *Un Café turc.*

Toile. Haut., 37 cent.; larg., 57 cent.

149 — *Femmes de Saint-Jean-de-Luz.*

Bois. Haut., 9 cent.; larg., 11 cent.

150 — *Alger, rue Kléber.*

Bois. Haut., 15 cent.; larg., 24 cent.

151 — *La Curée.*

Bois. Haut., 15 cent.; larg., 24 cent.

152 — *Laveuses.*

Bois. Haut., 15 cent.; larg., 24 cent.

153 — *La Chevrière.*

Bois. Haut., 16 cent.; larg., 19 cent.

154 — *Blés et coquelicots.*

Bois. Haut., 24 cent.; larg., 3 cent.

155 — *La Plage, à Grand-Camp.*

Bois. Haut., 25 cent.; larg., 37 cent.

156 — *Bateaux pêcheurs à marée basse.*

Bois. Haut., 27 cent.; larg., 35 cent.

157 — *Cheval blanc.*

Bois. Haut., 25 cent., larg., 35 cent.

158 — *Cheval à l'écurie.*

Bois. Haut., 27 cent.; larg., 35 cent.

159 — *Le Goûter du laboureur.*

Bois. Haut., 24 cent.; larg., 32 cent.

160 — *Vue de Clermont-Ferrand.*

Bois. Haut., 22 cent.; larg., 34 cent.

161 — *Le Bac.*

Bois Haut., 26 cent.; larg., 35 cent.

162 — *Le Printemps.*

Toile. Haut., 34 cent; larg., 25 cent.

163 — *Rue Kléber, à Alger.*

Bois. Haut., 25 cent.; larg., 35 cent.

164 — *La Douane, à Venise.*

Bois. Haut., 18 cent.; larg., 27 cent.

165 — *Le Départ de la caravane.*

Toile. Haut., 68 cent.; larg., 1 m. 12 cent.

166 — *Le Petit Pont, à Samois.*

Toile. Haut., 60 cent.; larg., 50 cent.

167 — *La Gandie, à Hericy.*

Toile. Haut., 40 cent.; larg., 35 cent.

168 — *Fin de journée.*

Toile. Haut., 55 cent.; larg., 44 cent.

169 — *Chevaux en liberté.*

Bois. Haut., 32 cent.; larg., 58 cent.

170 — *Intérieur de ferme.*

Bois. Haut., 32 cent.; larg., 57 cent.

171 — *La Carrière.*

Bois. Haut., 34 cent.; larg., 24 cent.

172 — *Le Vieux Serviteur.*

Bois. Haut., 27 cent.; larg., 35 cent.

173 — *Ane dans un champ.*

Bois. Haut., 27 cent.; larg., 35 cent.

174 — *Le Verger.*

Bois. Haut., 27 cent.; larg., 35 cent.

175 — *Retour de la baignade.*

Bois. Haut., 26 cent.; larg., 35 cent.

176 — *Attelage de bœufs.*

Bois. Haut., 27 cent.; larg., 40 cent.

177 — *Retour du marché.*

Bois. Haut., 39 cent.; larg., 32 cent.

178 — *Chasse aux faisans.*

Toile. Haut., 19 cent.; larg., 25 cent.

179 — *Morlaix.*

Bois. Haut., 32 cent.; larg., 52 cent.

180 — *Valet de chiens.*

Toile. Haut., 38 cent.; larg., 44 cent.

181 — *Ramasseurs de varech.*

Bois. Haut., 16 cent.; larg., 24 cent.

182 — *Le Coup de l'étrier.*

Bois. Haut., 16 cent.; larg., 24 cent.

183 — *Paysans des environs de Saint-Jean-de-Luz.*

Toile. Haut., 58 cent.; larg., 69 cent.

184 — *Maréchalerie, à Montereau.*

Toile. Haut., 75 cent.; larg., 60 cent.

185 — *La Moisson.*

Toile. Haut., 84 cent.; larg., 1 m. 54 cent.

186 — *Les Meules.*

Toile. Haut., 85 cent.; larg., 1 m. 28 cent.

187 — *Vieux Berger.*

Toile. Haut., 74 cent.; larg., 1 mètre.

188 — *Le Faisan doré.*

Toile. Haut., 1 mètre; larg., 74 cent.

189 — *La Rentrée des champs.*

Toile. Haut., 1 m. 20 cent.; larg., 1 mètre.

190 — *La Ferme de Tulen.*

Toile. Haut., 75 cent.; larg., 1 mètre.

191 — *Les Deux Chiens.*

Toile. Haut., 1 mètre; larg., 80 cent.

192 — *L'Abreuvoir.*

Toile. Haut., 80 cent.; larg., 1 m. 10 cent.

193 — *Tête de cerf.*

Toile. Haut., 1 m. 10; larg., 80 cent.

194 — *Têtes de chevaux.*

Toile. Haut., 89 cent.; larg., 1 m. 5 cent.

195 — *Les Laveuses, à Saint-Jean-de-Luz.*

Toile. Haut , 87 cent., larg , 1 m. 22 cent.

196 — *Fin de journée.*

Toile. Haut., 2 mètres, larg., 1 m. 70 cent.

197 — *Le Déjeuner.*

Toile. Haut., 1 m. 90 cent.; larg., 1 m. 30 cent.

198 — *Le Chien au faisan.*

Toile. Haut., 1 m. 20 cent.; larg., 90 cent.

199 — *Les Harengs du Siège.*

Bois. Haut., 28 cent.; larg., 38 cent.

200 — *Retour du marché.*

Bois. Haut., 47 cent.; larg., 34 cent.

201 — *Tête de coq.*

Toile. Haut., 27 cent.; larg., 22 cent.

202 — *Chameaux.*

Bois. Haut., 15 cent.; larg., 24 cent.

203 — *Venise.*

Bois. Haut., 18 cent.; larg., 26 cent.

204 — *La Plage.*

Bois. Haut., 22 cent.; larg., 34 cent.

205 — *Un Chef arabe.*

Bois. Haut., 15 cent.; larg., 25 cent.

206 — *Le Moulin de la Galette.*

Bois. Haut., 12 cent.; larg., 21 cent.

207 — *Marée basse.*

Bois. Haut., 15 cent.; larg., 28 cent.

208 — *Le Repos.*

Bois. Haut., 19 cent.; larg., 37 cent.

209 — *Le Bal, au Moulin de la Galette.*

Bois. Haut., 14 cent.; larg., 31 cent.

210 — *Chaumières aux environs d'Hericy.*

Bois. Haut., 20 cent.; larg., 33 cent.

211 — *Falaises en Normandie.*

Bois. Haut., 21 cent.; larg., 31 cent.

212 — *Le Petit Pont, à Samois.*

Bois. Haut., 18 cent.; larg., 13 cent.

213 — *Fenaison.*

Bois. Haut., 11 cent.; larg., 18 cent.

214 — *Basse-Cour.*

Bois. Haut., 13 cent.; larg., 25 cent.

215 — *Les Rouliers.*

Bois. Haut., 27 cent.; larg., 35 cent.

216 — *Marché aux chevaux en Algérie.*

Bois. Haut., 24 cent.; larg., 34 cent.

217 — *Piqueurs et chiens.*

Bois. Haut., 27 cent.; larg., 34 cent.

218 — *A Samois.*

Bois. Haut., 27 cent.; larg., 41 cent.

219 — *Rendez-vous de chasse.*

Bois. Haut., 34 cent.; larg., 27 cent.

220 — *Un Pacage normand.*

Bois. Haut., 24 cent.; larg., 34 cent.

221 — *Harengs et oignons.*

Bois. Haut., 30 cent.; larg., 40 cent.

222 — *La Danse du ventre.*

Bois. Haut., 32 cent.; larg., 40 cent.

223 — *Une Rue à Royat.*

Bois. Haut., 34 cent.; larg., 27 cent.

224 — *Le Chargement du bois.*

Bois. Haut., 27 cent.; larg., 35 cent.

225 — *Haut de Samois.*

Bois. Haut., 27 cent.; larg., 35 cent.

226 — *La Charrette.*

Bois. Haut., 27 cent.; larg., 35 cent.

227 — *Cheval blanc.*

Bois. Haut., 27 cent.; larg., 35 cent.

228 — *La Mosquée.*

Bois. Haut., 35 cent.; larg., 27 cent.

229 — *Abreuvoir en Algérie.*

Bois. Haut., 27 cent.; larg., 35 cent.

230 — *Rue Bab-Azoun.*

Bois. Haut., 35 cent.; larg., 27 cent.

231 — *Jardin d'essais.*

Bois. Haut., 25 cent.; larg., 35 cent.

232 — *Fontaine des Carmélites, à Morlaix.*

Bois. Haut., 24 cent.; larg., 38 cent.

233 — *Plage normande.*

Bois. Haut., 21 cent.; larg., 37 cent.

234 — *Laveuses.*

Bois. Haut., 24 cent.; larg., 32 cent.

235 — *Les Grès, à Samois.*

Bois. Haut., 23 cent.; larg., 35 cent.

236 — *Cheval blanc à l'écurie.*

Bois. Haut., 24 cent.; larg., 35 cent.

237 — *La Mare (forêt de Fontainebleau).*

Bois. Haut., 21 cent.; larg., 27 cent.

238 — *Marché à Morlaix.*

Bois. Haut., 27 cent.; larg., 22 cent.

239 — *L'Automne.*

Bois. Haut, 16 cent.; larg., 25 cent.

240 — *Les Foins.*

Bois. Haut., 19 cent.; larg., 27 cent.

241 — *Chasseur.*

Bois. Haut., 22 cent.; larg., 19 cent.

242 — *Blidah.*

Bois. Haut., 16 cent.; larg., 24 cent.

243 — *Borignos (Alger).*

Bois. Haut., 16 cent.; larg., 24 cent.

244 — *Fontaine publique, à Alger.*

Bois. Haut., 16 cent.; larg., 25 cent.

245 — *Kabylie.*

Bois. Haut., 16 cent.; larg., 24 cent.

246 — *Vieux Puits en Bretagne.*

Bois. Haut., 15 cent.; larg., 20 cent.

247 — *Saint-Jean-de-Luz.*

Bois. Haut., 10 cent.; larg., 22 cent.

248 — *Entrée de ferme.*

Toile. Haut., 50 cent.; larg., 60 cent.

249 — *Glaneuses et enfants.*

Toile. Haut., 40 cent.; larg., 56 cent.

250 — *Chevaux à l'écurie.*

Toile. Haut., 30 cent.; larg., 41 cent.

251 — *Attelage de bœufs, à Saint-Jean-de-Luz.*

Toile. Haut., 40 cent.; larg., 80 cent.

252 — *Maison mauresque.*

Bois. Haut., 28 cent.; larg., 40 cent.

253 — *Les Rochers de Samois.*

Bois. Haut., 24 cent.; larg., 33 cent.

254 — *Une Écluse.*

Bois. Haut., 27 cent.; larg., 35 cent.

255 — *Tête de cheval.*

Bois. Haut., 34 cent.; larg., 25 cent.

256 — *Une Route, à Samois.*

Bois. Haut., 27 cent.; larg., 35 cent.

257 — *Chevaux au repos.*

Bois. Haut., 27 cent.; larg., 35 cent.

258 — *Souvenir d'Orient.*

Bois. Haut., 27 cent.; larg., 35 cent.

259 — *Venise.*

Bois. Haut., 26 cent.; larg., 35 cent.

260 — *Charrue.*

Bois. Haut., 24 cent.; larg., 37 cent.

261 — *Chevaux à la forge.*

Bois. Haut., 32 cent.; larg., 40 cent.

262 — *Cheval blanc à l'écurie.*

Bois. Haut., 26 cent.; larg., 41 cent.

263 — *Cheval au bord de la mer.*

Bois. Haut., 29 cent.; larg., 45 cent.

265 — *Un Puits, à Samois.*

Bois. Haut., 32 cent.; larg., 41 cent.

266 — *Intérieur d'étable.*

Bois. Haut., 21 cent.; larg., 34 cent.

267 — *Après le bain.*

Bois. Haut., 27 cent.; larg., 41 cent.

268 — *Tom.*

Bois. Haut., 23 cent.; larg., 36 cent.

269 — *Bords de la Seine.*

Bois. Haut., 21 cent.; larg., 39 cent.

270 — *Rue Kléber (Alger).*

Bois. Haut., 15 cent.; larg., 24 cent.

271 — *Moutons.*

Toile. Haut., 45 cent.; larg., 51 cent.

272 — *Le Déjeuner aux champs.*

Toile. Haut., 40 cent.; larg., 54 cent.

273 — *Laveuse.*

Toile. Haut., 42 cent.; larg., 54 cent.

274 — *Café maure.*

Toile. Haut., 45 cent.; larg., 55 cent.

275 — *Ferme au bord de l'eau.*

Toile. Haut., 30 cent.; larg., 48 cent.

276 — *L'Ane de la laitière.*

Toile. Haut., 40 cent.; larg., 60 cent.

277 — *Les Maquignons.*

Toile. Haut., 40 cent.; larg., 61 cent.

278 — *Les Bûcherons.*

Toile. Haut., 32 cent.; larg., 46 cent.

279 — *Écurie en plein air.*

Toile. Haut., 32 cent.; larg., 48 cent.

280 — *Cheval entrant dans la ferme.*

Toile. Haut., 50 cent.; larg., 35 cent.

281 — *Arabe promenant un cheval.*

Bois. Haut., 32 cent.; larg., 42 cent.

282 — *Marchands de chevaux arabes.*

Bois Haut., 28 cent.; larg., 41 cent.

283 — *La Clairière.*

Bois. Haut., 25 cent.; larg., 35 cent.

284 — *La Fenaison.*

Bois. Haut., 26 cent.; larg., 34 cent.

285 — *Aniers arabes.*

Bois. Haut., 25 cent.; larg., 35 cent.

286 — *La Charrue.*

Bois. Haut., 27 cent.; larg., 35 cent.

287 — *Barbier turc.*

Bois. Haut., 26 cent.; larg., 35 cent.

288 — *Les Oies.*

Bois. Haut., 27 cent.; larg., 35 cent.

289 — *Le Repos.*

Bois. Haut., 27 cent.; larg., 35 cent.

290 — *La Tombée du jour.*

Toile. Haut., 35 cent.; larg., 32 cent.

291 — *Don Quichotte.*

Toile. Haut., 22 cent.; larg., 33 cent.

292 — *Halte de chasse.*

Toile. Haut., 19 cent.; larg., 26 cent

293 — *Un Chef arabe.*

Toile. Haut., 62 cent.; larg., 99 cent.

294 — *Le Père Malice.*

Toile. Haut., 50 cent.; larg., 67 cent.

295 — *Bateaux de pêche à sec.*

Bois. Haut., 26 cent.; larg., 35 cent.

296 — *La Jetée.*

Bois. Haut., 21 cent.; larg., 28 cent.

297 — *La Digue, à Samois.*

Bois. Haut., 23 cent.; larg., 32 cent.

298 — *Le Songe.*

Carton. Haut., 30 cent.; larg., 24 cent.

299 — *Saint-Jean-de-Luz.*

Toile. Haut., 37 cent.; larg., 80 cent.

300 — *Paysannes basques.*

Toile. Haut., 46 cent.; larg., 55 cent.

301 — *Piqueur et son chien.*

Toile. Haut., 55 cent.; larg., 70 cent.

302 — *Un Puits, à Saint-Jean-de-Luz.*

Toile. Haut., 61 cent.; larg., 73 cent.

303 — *Devant la mosquée.*

Toile. Haut., 18 cent.; larg., 25 cent.

304 — *Abreuvoir aux environs d'Alger.*

Bois. Haut., 24 cent ; larg., 35 cent.

305 — *Le Peintre.*

Bois. Haut., 27 cent.; larg., 35 cent.

306 — *Cheval blanc à l'abreuvoir.*

Toile. Haut., 29 cent.; larg., 38 cent.

307 — *Le Plateau de Bellecroix.*

Bois. Haut., 50 cent.; larg., 80 cent.

308 — *Mare sous bois.*

Toile. Haut., 46 cent.; larg., 68 cent.

309 — *Une Moissonneuse.*

Toile. Haut., 40 cent.; larg., 59 cent.

310 — *Une Rue, à Samois.*

Toile. Haut., 34 cent.; larg., 50 cent.

311 — *Étude de chevaux.*

Bois. Haut., 33 cent.; larg., 57 cent.

312 — *Un Pont.*

Bois. Haut., 27 cent.; larg., 35 cent.

313 — *Une Ruine.*

Bois. Haut., 35 cent.; larg., 27 cent.

314 — *Paysanne et cheval blanc.*

Bois. Haut., 27 cent.; larg., 35 cent.

315 — *Le Picotin.*

Bois. Haut., 27 cent.; larg., 35 cent.

316 — *Souvenir de Normandie.*

Bois. Haut., 23 cent.; larg., 32 cent.

317 — *Arabes et leurs chevaux.*

Bois. Haut., 22 cent.; larg., 27 cent.

318 — *Le Labourage.*

Bois. Haut., 21 cent.; larg., 29 cent.

319 — *La Mare.*

Bois. Haut., 20 cent.; larg., 27 cent.

320 — *Tailleur arabe.*

Bois. Haut., 26 cent.; larg., 21 cent.

321 —•*Charrue.*

Bois. Haut., 20 cent.; larg., 28 cent.

322 — *Enfants et ânon.*

Bois. Haut., 16 cent.; larg., 22 cent.

323 — *Charrette attelée.*

Bois. Haut., 15 cent.; larg., 26 cent.

324 — *Déjeuner sur l'herbe.*

Bois. Haut., 16 cent.; larg., 27 cent.

325 — *Fantaisie.*

Bois. Haut., 19 cent.; larg., 15 cent.

326 — *La Lecture.*

Bois. Haut., 18 cent.; larg., 14 cent.

327 — *Retour de la pêche.*

Bois. Haut., 15 cent.; larg., 35 cent.

328 — *Une Écurie.*

Bois. Haut., 19 cent.; larg , 33 cent.

329 — *Attelage de bœufs.*

Bois. Haut., 34 cent.; larg., 57 cent.

330 — *Halte sous bois.*

Bois. Haut., 32 cent.; larg., 41 cent.

331 — *Chez le vétérinaire.*

Bois. Haut., 32 cent.; larg., 41 cent.

332 — *Berge aux bords de la Seine.*

Bois. Haut., 17 cent.; larg., 41 cent.

333 — *La Carriole.*

Bois. Haut., 32 cent.; larg., 41 cent.

334 — *Paysannes des environs de Saint-Jean-de Luz.*

Bois. Haut., 37 cent.; larg., 31 cent.

335 — *Coucher de soleil.*

Bois. Haut., 25 cent.; larg., 41 cent.

336 — *Un Ane.*

Bois. Haut., 23 cent.; larg., 35 cent.

337 — *Étude de chardons.*

Bois. Haut., 31 cent.; larg., 40 cent.

338 — *Retour à la ferme.*

Bois. Haut., 34 cent.; larg., 27 cent.

339 — *Nymphes.*

Bois. Haut., 19 cent.; larg., 30 cent.

340 — *Bateaux chalands.*

Toile. Haut., 30 cent.; larg., 50 cent.

341 — *Metellus.*

Bois. Haut., 26 cent.; larg., 42 cent.

342 — *Étude d'arbre.*

Bois. Haut., 26 cent.; larg., 35 cent.

343 — *Pêcheuse de crevettes.*

Toile. Haut., 1 m. 15 cent.; larg., 1 mètre.

344 — *La Route à travers champs.*

Bois. Haut., 20 cent.; larg., 30 cent.

345 — *Vendeuse de crevettes.*

Toile. Haut., 52 cent.; larg., 48 cent.

346 — *La Récolte du varech.*

Bois. Haut., 27 cent.; larg., 35 cent.

AQUARELLES

AQUARELLES

347 — *Le Bac.*

348 — *La Moisson.*

349 — *Devant la forge.*

350 — *Le Déjeuner.*

351 — *Chez le maréchal ferrant.*

352 — *Un Relais.*

353 — *La Charrette embourbée.*

354 — *Un Chargement de varech.*

355 — *Chez le vétérinaire.*

356 — *Un Bac.*

357 — *Les Blés d'or.*

358 — *Chevaux de halage.*

359 — *Le Passage de la rivière.*

360 — *Souvenir d'Alger.*

361 — *Charrette de pavés.*

362 — *Les Foins.*

363 — *Au Cheval blanc.*

364 — *Moisson.*

365 — *Cour de ferme.*

366 — *Relais de chevaux de halage.*

367 — *La Visite.*

368 — *L'Abreuvoir.*

369 — *Le Repos.*

370 — *Maréchalerie.*

371 — *Attendant le bateau.*

372 — *Le Passeur.*

373 — *Promenade de chevaux.*

374 — *Le Voyageur.*

375 — *Allant au marché.*

376 — *L'Abreuvoir.*

377 — *Le Ferrage des chevaux.*

378 — *Un Ane.*

379 — *La Pêche.*

380 — *Les Pavés de Samois.*

381 — *La Moisson.*

Eventail.

382 — *Le Renseignement.*

Eau-forte rehaussée d'aquarelle.

383 — *La Dernière Gerbe.*

384 — *Rentrée à la ferme.*

385 — *Repos des moissonneurs.*

386 — *Labourage.*

387 — *Le Cheval du capitaine.*

388 — *Coucher de soleil.*

389 — *Le Renseignement.*

390 — *Têtes de chevaux.*

391 — *Attelage de bœufs.*

392 — *Un Pêcheur.*

393 — *Le Repos dans la forêt.*

394 — *La Moisson.*

395 — *Le Marché aux chevaux.*

396 — *Fantassin.*

397 — *Les Foins.*

398 — *La Forêt de Fontainebleau.*

399 — *L'Orage.*

400 — *L'Abreuvoir.*

401 — *La Conversation.*

402 — *L'Abreuvoir.*

403 — *Le Cheval blanc.*

404 — *Percherons.*

405 — *Chevaux à l'écurie.*

406 — *Le Passage du bac.*

407 — *Intérieur de ferme.*

408 — *Le Retour des champs.*

409 — *Le Bac.*

410 — *Baignade de chevaux.*

PASTELS

ET

DESSINS

PASTELS & DESSINS

411 — *Le Gourbis.*
Pastel.

412 — *Bacchante et faune.*
Pastel.

413 — *La Fuite en Égypte.*
Dessin rehaussé de pastel et de gouache.

414 — *La Sainte Famille.*
Gouache.

415 — *Marchande de pommes.*
Crayons et pastel.

416 — *Pêcheuse.*
Crayon rehaussé.

417 — *Paysan.*
Crayon rehaussé.

418 — *Moissonneurs.*
Crayon rehaussé.

419 — *Glaneuses*

Crayon.

420 — *Sujet mythologique.*

Crayon rehaussé.

421 — *Intérieur d'écurie.*

Dessin rehaussé d'aquarelle.

422 — *La Conversation.*

Fusain rehaussé.

423 — *Le Vieux Jeudi.*

Dessin à la plume rehaussé de peinture.

424 — *Le Moine.*

Fusain.

425 — *L'Ane et le cheval.*

Fusain rehaussé.

426 — *Le Repos.*

Crayon.

427 — *La Bohémienne.*

Crayon.

428 — *Le Postillon.*

Crayon.

429 — *Attelage nivernais.*

Fusain rehaussé.

430 — *Le Passage de la rivière.*

Fusain rehaussé.

431 — *Le Faucheur.*

Fusain.

432 — *Le Faneur.*

Fusain.

433 — *La Toilette.*

Crayon.

434 — *A la fontaine.*

Crayon.

435 — *Un Chasseur.*

Dessin rehaussé d'aquarelle.

436 — *La Fuite de Sodome.*

Dessin rehaussé de pastel.

437 — *Saint-Jean-de-Luz.*
Pastel.

438 — *Sur la route.*
Pastel.

439 — *Attelage de bœufs, à Saint-Jean-de-Luz.*
Pastel.

440 — *Léda.*
Pastel.

441 — *Noël.*
Pastel.

442 — *Laveuses.*
Crayon.

443 — *Baigneuses.*
Fusain.

444 — *Judith.*
Pastel.

445 — *Cheval.*
Crayon rehaussé.

446 — *Marché en Bretagne.*
Dessin rehaussé d'aquarelle.

447 — *Cascarotes au bord de la mer.*
Pastel et gouache.

448 — *Laveuses.*
Pastel.

449 — *Le Repos.*
Crayon.

450 — *La Toilette de Diane.*
Pastel.

451 — *La Chasse à courre.*
Pastel.

452 — *Embourbé.*
Pastel et gouache.

453 — *Dans la rivière.*
Crayon et gouache.

454 — *Faune et Bacchante.*
Pastel.

455 — *La Mort et le Bûcheron.*
Fusain rehaussé.

456 — *La Jeune Mère.*
Pastel rehaussé.

457 — *Don Quichotte.*
Dessin rehaussé d'aquarelle.

458 — *Effet de nuit.*
Dessin rehaussé.

459 — *A la fontaine.*
Crayon et pastel.

460 — *Enfant.*
Crayon.

461 — *Léda.*
Dessin rehaussé.

462 — *La Mort et le Bûcheron.*
Fusain rehaussé.

463 — *Le Passeur.*
Fusain rehaussé.

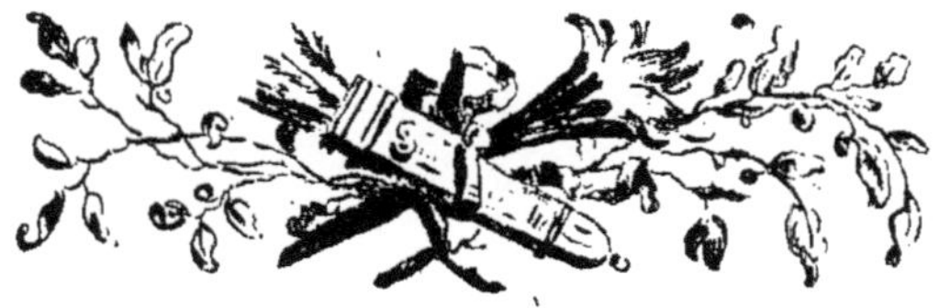

www.ingramcontent.com/pod-product-compliance
Ingram Content Group UK Ltd.
Pitfield, Milton Keynes, MK11 3LW, UK
UKHW021313190726
13839UKWH00007B/1220